AF332703

UNE

CAUSE CÉLÈBRE

COLONIALE.

Mme MARLET,

DE LA COMMUNE DE ROBERT, MARTINIQUE.

Affaire de la dame MARLET, condamnée à vingt ans de bannissement hors du territoire continental et colonial de la France, pour châtiments CRUELS et INHUMAINS envers ses esclaves, COUPS et BLESSURES envers une NÉGRESSE, et pour ASSASSINAT sur la personne d'un NÈGRE.

La dame MARLET, propriétaire d'une sucrerie au quartier du Robert, s'était depuis longtemps signalée par *d'horribles sévices* envers ses esclaves, et par une administration si vicieuse qu'elle rendait infructueux entre ses mains un des biens les plus beaux de la colonie. Les propriétaires voisins se plaignaient continuellement des excès et des vols commis chez eux par les nègres de l'habitation de la dame Marlet, contraints en quelque sorte de chercher dans le pillage la nourriture qui leur était refusée par leur maîtresse. A cet égard la clameur était si unanime que, le commandant du quartier, las des vains efforts qu'il

1850

n'avait cessé de faire pour mettre un terme aux *cruautés* commises par la dame Marlet, se vit forcé, bien que propriétaire d'esclaves lui-même, de la dénoncer à l'autorité supérieure.

Déjà, par suite de son rapport, la justice était intervenue pour remédier à ces désordres. En 1827 une action avait été formée d'office par M. le procureur du roi près le tribunal de première instance du Fort-Royal, afin de faire interdire madame Marlet de la gestion de son habitation ; mais l'influence de ces considérations absurdes, odieuses, qui ont suspendu longtemps toutes les améliorations dont la raison, le temps, la nécessité réclamaient impérieusement l'application dans le régime colonial ; ces influences si fortes, si puissantes de l'inexécution des promesses renouvelées à la tribune chaque année, ralentirent la marche du ministère public, paralysèrent son action.

Une négresse de madame Marlet avait été saisie en ville à la requête d'un des nombreux créanciers de cette dame, et l'acquéreur autorisé à s'emparer des enfants de cette négresse, conformément aux dispositions de l'article 47 de l'ordonnance de 1685, qui, par motif d'humanité, ne permettait pas de vendre la mère séparément de ses enfants impubères. Il paraît que cet acquéreur avait eu l'adresse de se faire remettre ces enfants, et que madame Marlet soupçonna que le nègre Remy, leur père, également esclave de son habitation, les avait lui-même livrés. Aussitôt le bruit se répandit que, le dimanche 30 mars 1828, un nègre de l'habitation Marlet était mort sous les coups qui lui avaient été donnés par l'ordre de sa maîtresse ; on rapportait encore d'autres atrocités de ce genre. Animé d'un zèle d'autant plus louable qu'il était peu commun dans ce pays, où souvent même il ne fut pas sans danger, M. de Bausset-Roquefort, procureur du roi, nouvellement arrivé de France, se transporta sur les lieux afin de mettre la justice à même de prendre une connaissance entière et exacte de l'événement. M. le président du tribunal, que l'ordonnance de 1670, sous le joug de laquelle la Martinique gémissait alors, appelait à remplir les fonctions aujourd'hui déférées au juge d'instruction, l'accompagnait. L'instruction commença. Le corps du nègre Remy, mort depuis treize jours, fut exhumé; mais il était dans un tel état de dissolution qu'il fut impossible de faire l'autopsie du cadavre, et surtout de reconnaître si, comme le prétendait la dame Marlet, Remy s'était empoisonné avec un verre de ratafia arsenisé.

D'autres délits étaient dénoncés, on dut en faire la recherche. De cent cinquante nègres travaillant sur l'habitation, plus de la moitié s'étaient enfuis dans la crainte d'éprouver le sort de Remy; il n'en restait que soixanteneuf. Ils furent visités; des traces de blessures profondes indiquaient les châtiments cruels qui leur avaient été infligés. Entre autres la négresse Firmine avait sur la poitrine une cicatrice longue et profonde; un nègre fut trouvé enfermé depuis plusieurs jours sans nourriture dans un cachot; plusieurs avaient les membres fracturés.

Sous le poids de présomptions si graves, devenues plus accablantes par les déclarations des habitants voisins, la dame Marlet fut décrétée de prise de corps et conduite dans les prisons du Fort-Royal. Après une procédure qui a duré près de trois mois, elle a comparu, le lundi 30 juin, devant le tribunal de première instance, jugeant en premier ressort les affaires criminelles, conformément à l'ordonnance royale du 4 juillet 1827. M. le procureur du roi ayant requis que l'audience eût lieu à huis-clos, le tribunal a rendu le jugement suivant :

« Vu l'article 7 de l'ordonnance du 4 juillet 1827, ainsi conçu :

« Si la publicité était jugée dangereuse pour l'ordre et les mœurs, l'audience pourrait avoir lieu à huis-clos; dans ce cas, le tribunal déclarera par un jugement, etc. »

« Attendu que rien dans la cause ne peut blesser les mœurs ni porter atteinte à l'ordre public, qu'au contraire la justice, étant la même pour tous, ne mérite que plus de respect et tire une force nouvelle de la publicité de ses débats.

« Par ces motifs, sans avoir égard au réquisitoire de M. le procureur du roi, le tribunal ordonne que les débats de cette cause auront lieu en audience publique en la forme ordinaire. »

Le rapport a été fait par M. Auban, président, et a duré plusieurs heures; il a été suivi de l'interrogatoire de l'accusée. Dans cet interrogatoire la dame Marlet a prétendu qu'effectivement Remy avait été frappé par ses ordres pour avoir facilité l'enlèvement des enfants de Frazile, mais que sa mort ne devait être attribuée qu'au poison qui lui avait été administré par le nègre Ozé. Sur les autres chefs de l'accusation, elle cherchait à se disculper en disant que ses nègres étaient tous mauvais sujets, que pour maintenir la discipline et les corriger elle avait dû leur faire infliger des punitions sévères, qu'au surplus elle n'avait pas été plus cruelle que bien d'autres habitants, et que ce n'était pas sa faute si les commandeurs avaient mis des fils d'archal dans les fouets dont ils se servaient pour frapper.

L'affaire ayant été renvoyée au lendemain 1er juillet, M. de Bausset-Roquefort, procureur du roi, a ouvert l'audience par un réquisitoire qui a duré deux heures et demie. Ce magistrat a commencé à peu près en ces termes :

« Dans l'instruction de la procédure dont le rapport vient d'être fait, notre ministère fut pénible, soit par la nature de la cause, soit par le rang de la personne qui devint l'objet de nos poursuites. Des mesures rigoureuses et indispensables furent prises; les difficultés se présentèrent en foule, des piéges nous furent tendus, on osa résister aux décisions judiciaires, on insulta l'autorité, on critiqua ses actes; nous conservâmes dans cette grande agitation le calme et la dignité qui conviennent au magistrat, et nous avons prouvé que nous ne nous laissions pas enivrer par les éloges ni abattre par le blâme. Déjà le rapport de M. le président a déroulé à vos yeux la longue liste des malheurs, résultat inévitable d'une administration monstrueuse ; déjà vous connaissez la multitude des faits que nous qualifierons plus tard. »

M. le procureur du roi établit trois chefs d'accusation qu'il discute successivement : 1° châtiments cruels et inhumains envers les esclaves ; 2° coups et blessures envers la négresse Firmine ; 3° assassinat sur la personne du nègre Remy. Tous les chefs de l'accusation lui paraissent légalement prouvés par les dépositions faites au procès, indépendamment du témoignage des esclaves qui, dans l'instruction, conformément à l'article 30 de l'ordonnance royale du mois de mars 1685, n'ont été entendus que pour servir de mémoire et aider à éclairer l'affaire. Après avoir rappelé la législation applicable à l'espèce, ce magistrat termine ainsi :

« Telle est, Messieurs, la législation protectrice en vigueur dans cette colonie, cette législation ne pouvait être impuissante dans la cause. Vainement le crime fut entouré de voiles impétrables ; le mystère d'une administration monstrueuse a été découvert, le cri de l'opprimé est enfin arrivé jusqu'à vous, quoique longtemps les plaintes eussent été étouffées. Votre décision, en faisant respecter les droits de l'humanité, augmentera la force d'une justice sévère, car jamais la punition d'un crime n'encouragera de coupables projets. Lors de l'arrestation de l'accusée, de sinistres présages nous accusaient d'avoir osé remplir le plus pénible, mais le plus courageux devoir ; ces présages ont été mensongers. Une sage énergie, nous le répétons, ne pouvait faire germer des pensées coupables ; la faiblesse de l'administration judiciaire pouvait seule enfanter le désordre et produire les plus grands malheurs. A vos pieds

viendra expirer le fantôme d'un préjugé qui ne repose que
sur la susceptibilité, et non sur les véritables intérêts lo-
caux. Si l'on profère encore ce mot magique *d'intérêt colonial,* nous demanderons qu'on nous explique le sens de
ce mot. Jusqu'à présent nous l'avons vu interpréter diver-
sement, et par les mêmes personnes. Un jour il doit pro-
téger les droits légitimes, le lendemain il doit être une
égide impénétrable contre les droits les plus sacrés. Et
nous aussi nous nous occupons de l'intérêt colonial, mais
c'est en donnant à ce mot la seule signification qu'il doive
renfermer, et non en le faisant plier aux circonstances et
aux caprices. Eh quoi! vous colons, voudriez-vous consentir
qu'il fût proclamé en principe que l'intérêt colonial proscrit la pitié, l'humanité, la religion, la justice? Voudriez-
vous qu'on regardât comme conditions nécessaires de
votre existence que chez vous les crimes les plus atroces
fussent impunis? Non, Messieurs, nous aimons à le dire
hautement, la plupart des habitants que nous avons con-
nus sont recommandables principalement par la douceur
de leur caractère; la justice et la générosité président à
leur administration; quelques-uns pèchent par trop d'in-
dulgence; tous sont hospitaliers et bienfaisants; beaucoup
nous représentent avec vérité, lorsqu'ils sont au milieu de
leurs esclaves, les patriarches de l'Écriture entourés de
leurs nombreux enfants. Mais quel est le peuple chez lequel il ne se commet pas de crimes? Dans tous les pays,
dans toutes les classes, partout où se trouve une réunion
d'hommes, il se trouve malheureusement des gens qui
méritent d'être proscrits de toute société.

« Excuser des désordres tels que ceux que nous venons
de vous dénoncer, ce serait en quelque sorte reconnaître
que ces désordres sont communs, tandis que la punition
du coupable prouvera que les faits qui nous occupent
sont une exception que vous détestez. C'est alors qu'en
Europe même, on pourra ajouter un grand exemple de

justice à ceux que l'on a pu citer dans tous les temps pour repousser des calomnies. Alors on pourra dire que la justice conserve ici comme en France son indépendance et sa dignité, et que les plus puissants ne sauraient se soustraire à ses décisions.

« Qu'il nous soit permis en finissant, Messieurs, d'emprunter les expressions d'un illustre orateur dont l'administration fut utile à la colonie, et qui nous honorait de quelque bienveillance, M. le comte de Chabrol :

« Colons, reconnaissez dans nos conseils une voix amie,
« toujours disposée à vous défendre, mais qui, autant qu'il
« dépendra d'elle, ne laissera jamais fléchir l'empire des
« lois sous le joug de fausses prétentions et d'idées dérai-
« sonnables. »

M. le procureur du roi conclut à ce que la dame Marlet soit condamnée à la peine capitale. La défense de la dame Marlet avait été acceptée par M° Beauvais, avoué. L'absence du corps du délit lui a offert un moyen péremptoire pour écarter l'accusation d'homicide sur la personne de Remy, et la conduite des esclaves lui a semblé un motif suffisant pour justifier les châtiments qu'ils avaient subis. Il a surtout appuyé dans sa péroraison sur le danger de dévoiler et de soumettre à la censure des tribunaux la discipline des ateliers, sur les atteintes que de semblables investigations, si elles étaient réitérées, pouvaient porter au système colonial.

Après les répliques successives, le tribunal entra en délibération à deux heures, et, à sept heures du soir, rendit le jugement suivant qu'une foule nombreuse attendait avec la plus vive curiosité, et écouta dans le plus profond silence :

« Attendu qu'il résulte du dire de tous les nègres de l'atelier de la dame Marlet, que Remy, son esclave, a subi un châtiment inhumain par l'ordre de celle-ci, qu'il a été battu avec des lianes et des bâtons pendant longtemps, et qu'on n'a cessé de le frapper que lorsqu'il eut succombé ;

« Attendu que la dame Marlet convient elle-même qu'elle a donné l'ordre de châtier sévèrement ledit Remy, que ce ne fut pas tout son atelier, mais quelques nègres qui le battirent avec des lianes seulement, qu'elle avoue même qu'il est mort deux heures après le châtiment, prétendant qu'il aurait été empoisonné avec du tafia arsenisé qu'Ozé lui aurait donné dans un poban qu'il avait placé devant la porte du cachot où le dit Remy était enfermé, et que ce dernier aurait bu au moment où on l'en fit sortir pour être conduit devant la maison et battu en présence de l'accusée, qui tient, suivant elle, ces détails de ses nègres, lesquels ont dénié les avoir rapportés à leur maîtresse, ayant déclaré qu'à sa sortie du cachot, ni pendant qu'il était conduit, Remy n'avait rien bu et qu'ils n'avaient vu aucun poban, qu'il est à regretter que le temps qui s'est écoulé depuis la mort de Remy jusqu'au moment où la justice a tenté de procéder à l'autopsie du cadavre, n'ait pas permis à cause de la putréfaction complète du corps, de constater si le poison avait pu entrer pour quelque chose dans la mort de Remy, et confirmer ou détruire ainsi, par une voie légale, l'allégation de l'accusée, et dissiper tout doute qui pourrait exister ;

« Attendu qu'il a été reconnu et constaté par la justice, que le nègre Ozé avait un os du bras gauche fracturé par un coup de bâton ; qu'en outre, trouvé au cachot avec les fers aux mains et le collier, il était tout couvert des traces récentes d'un grand nombre de coups de fouet qu'il avait reçus, suivant lui, ayant été battu et excédé de coups après la mort de Remy, sous prétexte qu'il savait aussi ce qu'étaient devenus les enfants de Remy, que celui-ci avait livrés le même jour, dimanche des Rameaux, 30 mars dernier, à la négresse Frazile, leur mère, vendue par autorité de justice avec ses enfants impubères restés et retenus à

tort sur l'habitation par madame Marlet, à qui ladite négresse avait appartenu; que le dire d'Ozé, relatif au châtiment qu'elle lui fit subir à raison de ce, est conforme à
celui de l'atelier, même à celui de l'accusée, qui ne fit
cesser les coups que sur la promesse que fit Ozé de faire
trouver les enfants, sans qu'elle parlât alors du soupçon
qu'elle a prétendu avoir qu'il eût empoisonné Remy;

« Attendu qu'à l'ouverture faite aussi par la justice du
cachot de l'habitation Marlet, le nègre Jean Claude, dit
Lubin, y fut trouvé enfermé par ordre de l'accusée, sans
qu'il ait eu aucun vase propre à contenir de la nourriture,
de la boisson, et sans qu'il y eût des indices ou des traces
qu'il eût pu en recevoir, disant être ainsi depuis plusieurs
jours, et y avoir été enfermé parcequ'il avait parlé aux
gendarmes lors de leur première apparition sur l'habitation ;

« Attendu que de toutes les pièces de la procédure il résulte que la négresse Firmine, esclave de la dame Marlet,
a reçu de la main de celle-ci, dans le mois d'avril 1827,
et avec un couteau qu'elle prit sur la table du sieur Gaubert, son géreur, au moment où il soupait, un coup qui lui
fit une très large blessure sur la poitrine, dont elle porte
la cicatrice ; que ce fait est attesté par ledit sieur Gaubert,
par la lettre du 30 août 1827, écrite par feu M. de Luppé,
commissaire-commandant du *Robert*, et avoué même en
justice par l'accusée, qui soutient avoir fait cette blessure
sur la poitrine de cette esclave avec un bois de *baume* très
coupant. La lettre de M. de Luppé faisait non seulement
mention de ce fait, ayant vu lui-même cette négresse,
demandant que, dans l'intérêt public, madame Marlet fût
interdite de toute gestion, se livrant à des excès envers
ses esclaves, et mettant le désordre dans le quartier : une
demande en interdiction fut dès-lors dirigée par le ministère public contre la dame Marlet, qui en paralysa et retarda l'effet par un appel ;

« Attendu qu'il résulte encore des mêmes pièces que cette même négresse Firmine, revenue sur l'habitation, où elle fut conduite par le commis à la police du *Robert*, par l'ordre de M. le commandant, à qui elle était venue se plaindre, et qui avait écrit à madame Marlet de ne lui infliger aucun châtiment, en reçut néanmoins un très sévère, après quoi sa maîtresse lui fit mettre un collier de fer qu'elle a porté pendant plus d'un an et jusqu'au moment où la justice, constatant son état sur l'habitation, le lui fit enlever, état aggravé par les traces encore visibles des nombreux coups de fouet qu'elle avait reçus après la mort de Remy;

« Attendu que visite légale faite de tous les nègres et négresses de l'atelier, il a été constaté, en présence du commandant du quartier et de M. le docteur Bidault, que sur soixante-neuf esclaves visités, six seulement ne portaient point de traces évidentes ou sanglantes des nombreux coups de fouet qu'ils avaient reçus; que plus de vingt étaient dans un état tel qu'ils ne pouvaient se livrer au travail, quoiqu'on les y contraignît, et qu'ils auraient péri s'ils n'avaient pas été mis à l'hôpital et traités avec beaucoup de zèle, d'attention et de soins; que notamment la négresse Victoire était en danger imminent de mort, puisque les médecins avaient pronostiqué que son état aurait une issue fâcheuse, ce qui n'est pourtant pas arrivé, son état s'étant sensiblement amélioré à force de soins et de remèdes; qu'il est bien vrai que la déposition du sieur Lestrade, médecin de l'habitation, qui les a soignés après la visite, semble ne pas annoncer tant de gravité, n'ayant pas, dit-il, assez bonne mémoire pour se rappeler tout ce qu'il a vu et prescrit; mais cette déposition évasive est contredite par d'autres dépositions qui attestent bien qu'il avait regardé la négresse Victoire comme devant succomber aux nombreuses blessures qu'elle avait reçues; qu'il est bien constant qu'à l'époque du transport de la justice sur l'habitation Marlet, une partie de ses nègres étaient excédés de coups, et que même la négresse Victoire était en danger de mort ;

« Attendu que les mauvais traitements et excès constatés par la justice ne sont pas les seuls reproches à faire à l'accusée, puisque les gérants ou économes blancs qu'elle a eus attestent qu'elle se livrait habituellement envers ses esclaves à des châtiments cruels et rigoureux, sans motif et par caprice, et non pour maintenir, comme de raison, la discipline juste et sévère qui doit régner dans le régime d'une habitation bien administrée, et qu'elle ne cessait de battre les nègres que lorsque le sang ruisselait ;

« Attendu qu'il est constant encore qu'elle ne donnait pas à ses esclaves l'ordinaire et le vêtement prescrits par les lois ; que ses nègres, pour se les procurer, commettaient des vols et des désordres dans le quartier ; qu'ils étaient un sujet de terreur pour les habitants voisins et un exemple dangereux pour les autres ateliers ;

« Attendu que les vices d'une telle administration sont prouvés, comme les traitements inhumains auxquels l'accusée avait l'habitude de se livrer, et que l'état affreux de la négresse Victoire, qui, sans les secours qu'on lui a donnés, ne vivrait plus ; du nègre Lubin, qui était condamné à mourir dans le cachot, et de tant d'autres victimes trouvées encore saignantes de la barbarie de l'accusée, donnent la conviction profonde qu'il n'est pas d'atrocités auxquelles elle ne puisse se porter ;

« Attendu qu'en droit colonial, la déposition des esclaves contre leur maître ou en sa faveur ne peut servir que de mémoire pour aider la justice à s'éclairer d'ailleurs ;

« Attendu que si le juge ne peut prononcer une peine capitale que sur la déposition uniforme de deux témoins irréprochables, il n'est pas pour cela réduit à renvoyer absous l'accusé dont la preuve des crimes ressort avec la plus parfaite évidence de tous les éléments de la procédure ; que, dans ce cas, la latitude de modifier la peine selon les circonstances est laissée à sa prudence ;

« Vu l'article 10 de l'ordonnance royale du 25 décembre 1783, l'art. 48 de celle du mois de mars 1685, l'art. 3, titre 6 d'une autre du 15 octobre 1786, l'art. 16 de l'ordonnance locale du 1ᵉʳ novembre 1809, ensemble les ordonnances des 30 décembre 1712, 15 juillet 1738 et 6 mai 1765, comme aussi l'ordonnance criminelle du mois d'août 1670 ;

« Le tribunal, etc., en ce qui concerne la mort de Remy, dit qu'il n'est pas légalement prouvé qu'elle ait été le résultat immédiat du traitement inhumain que l'accusée lui a fait subir le 30 mars dernier ; déclare la dame Victoire Alexandrine Dubuc Derivery, veuve Marlet, dûment atteinte et convaincue : 1° d'avoir grièvement blessé, au mois d'avril 1827, sa négresse Firmine en la frappant d'un couteau ; 2° de se livrer habituellement aux plus atroces cruautés contre ses esclaves, auxquels elle ne fournit pas d'ailleurs la nourriture et les vêtements prescrits par les ordonnances ;

« En réparation de quoi la condamne à vingt ans de bannissement hors du territoire continental et colonial du royaume ; dit qu'elle ne pourra désormais posséder des esclaves dans la colonie ; ordonne que ceux qui lui appartiennent seront vendus en la forme accoutumée, pour le prix en revenir à qui de droit, et la condamne en outre aux frais du procès, lesquels seront prélevés sur le prix de vente des esclaves susdits ; lui enjoint de garder son banc, sous plus graves peines. »

L'affaire portée en appel, à la séance de la Cour royale du 10 juillet, M. Lepelletier-Duclary, conseiller remplissant par *interim* les fonctions du procureur-général, en l'absence de M. Détape, a renouvelé la demande du huis-clos. Suivant ce magistrat, la position sociale de madame Marlet, et la crainte d'offrir le dangereux spectacle d'esclaves déposant contre leur maître, nécessitent cette mesure.

Me Beauvais a pris la parole, et s'est borné à conclure à ce qu'il ne fût point donné lecture des dépositions des esclaves de madame Marlet, les esclaves ne pouvant être entendus contre leur maître, aux termes des lois coloniales.

M. le procureur-général par *interim* ayant *purement* et *simplement* déclaré s'en rapporter à justice, la Cour, après quelques moments de délibération, a rendu l'arrêt suivant :

« Considérant qu'aux termes de l'arrêt du Conseil du 15 juillet 1738, les esclaves ne peuvent être entendus contre leur maître, même à titre de renseignements ; que ce principe a été récemment consacré par deux arrêts de la Cour de cassation, des 31 janvier et 25 mai 1827 ;

« Attendu que des esclaves de la dame Marlet ont été entendus au procès contre leur maîtresse, savoir :

« Les nommés Eusèbe, Masson, René, en leurs dépositions du 10 avril dernier ;

« Les nommés Ozé, Lubin, Sanival, Héloïse, Glandon, Prosper, Célestine, Marcel, Jeanne, Texide, Benoît, Firmine, Victoire et Céveline, dans leurs dépositions du 11 du même mois ;

« Les nommés Célestin, Sidwey, Marie-Noël, Henriette, en leurs dépositions du 25 juin aussi dernier ;

« Enfin l'atelier entier, suivant un procès-verbal de visite et interrogatoire du 11 du mois d'avril précité ;

« Considérant que ce vice de forme *entache toute la procédure, et doit en faire prononcer* la nullité ;

« Déclare nuls et non avenus tous les actes de la procédure ; met les parties au même et semblable état qu'elles étaient avant le procès, et renvoie l'affaire au tribunal de Saint-Pierre, avec défense de recevoir les dépositions des esclaves pour ou contre leur maître, *même a titre de ren-*

seignément ; ordonne que les dépens seront supportés par la caisse coloniale. »

Immédiatement la dame Marlet est sortie du palais, et ce n'est pas sans surprise qu'on l'a vue libre, parcourir les rues du Fort-Royal ; c'est volontairement qu'elle s'est rendue à Saint-Pierre, où elle devait subir un nouveau jugement.

Après l'instruction recommencée au désir de l'arrêt de la Cour, le tribunal de Saint-Pierre, dans son audience du 31 juillet, a condamné la dame Marlet à la même peine de VINGT ANNÉES DE BANNISSEMENT, à la privation de tous ses droits sur ses esclaves, dont il a également ordonné la vente.

Ainsi cette femme cruelle, dont la barbare conduite envers ses esclaves fait tressaillir tous les amis de l'humanité, et qui a eu le triste courage, après tant de crimes, de se pavaner dans les rues de Fort-Royal, cette femme conservait encore l'espoir de l'impunité. Elle en appela de ce second jugement, et la cour réduisit la peine de vingt années de bannissement à trois années seulement.

Chassée de son pays natal par cet arrêt infamant, la dame Marlet alla mourir dans l'exil à la Dominique, colonie anglaise.

Eh bien ! le propre fils de la dame Marlet, aujourd'hui rédacteur en chef du journal *la Liberté*, de la Martinique, ruiné et sans ressources, se trouve adopté, à l'heure qu'il est, *comme fils d'une victime ! !* Et cette monstrueuse adoption est le fait de quelques hommes se disant démocrates !

Ainsi voilà les hommes qui s'intitulent amis de l'humanité, amis des noirs, et qui sont assez vils, assez lâches pour patroner, adopter effrontément et précisément le fils d'une femme si justement flétrie pour avoir torturé des noirs ! C'est là le seul titre qui recommande M. Marlet à ces démocrates !

Dans les colonnes de leur journal, M. Marlet et ses amis affectent de parler du procès politique de 1824..... Est-ce donc qu'ils voudraient donner le change aux colonies et faire confondre ce procès politique avec le procès infamant de la dame Marlet ?

Afin de rendre la confusion plus outrageante pour les victimes du procès politique de 1824, savez-vous quel nom ces gens-là accolent au nom déjà si significatif du sieur Marlet ?.... celui de M. Ch. Larcher, le fils de ce même Larcher qui, en 1824, refusait l'hospitalité au condamné politique M. Fabien, et le chassait ignominieusement de son habitation, à la petite Anse d'Arlets, où le proscrit venait chercher un refuge !

Ajouterons-nous que c'est dans les environs de l'habitation Larcher, aux Anses d'Arlets, que fut arrêté M. Fabien, dont la tête avait été mise à prix, et que la prime de 500 francs, promise à qui l'arrêterait, fut partagée dans l'ombre on ne sait trop entre quels dénonciateurs...

Ainsi à la tête de ce journal *la Liberté* se rencontrent ces deux hommes, MM. Marlet et Larcher ; les deux font la paire : l'un, par sa mère, maltraitait les noirs jusqu'à leur donner la mort, tandis que l'autre, par son père, repoussait un mulâtre proscrit sollicitant son hospitalité, et le faisait livrer à ses juges.

Adopter M. Marlet et laisser plonger dans la misère la tante de Volny, de Volny victime de cet arrêt de 1824 dans lequel les rédacteurs de *la Liberté* puisent effrontément leurs textes quotidiens ! telle est la logique du cœur de ces prétendus démocrates associés de *la Liberté*. Il est vrai que la tante de Volny est une pauvre vieille négresse dont ces messieurs n'ont rien à attendre !

BISSETTE.

Paris, imp. POUSSIELGUE, rue Croix des-Petits-Champs, 29.